BEI GRIN MACHT SICH IHR WISSEN BEZAHLT

AF140779

- Wir veröffentlichen Ihre Hausarbeit,
  Bachelor- und Masterarbeit

- Ihr eigenes eBook und Buch -
  weltweit in allen wichtigen Shops

- Verdienen Sie an jedem Verkauf

Jetzt bei www.GRIN.com hochladen und kostenlos publizieren

Bibliografische Information der Deutschen Nationalbibliothek:

Die Deutsche Bibliothek verzeichnet diese Publikation in der Deutschen National-
bibliografie; detaillierte bibliografische Daten sind im Internet über http://dnb.d-
nb.de/ abrufbar.

Impressum:

Copyright © 2013 GRIN Verlag, Open Publishing GmbH
Druck und Bindung: Books on Demand GmbH, Norderstedt Germany
ISBN: 9783668270480

Dieses Buch bei GRIN:

http://www.grin.com/de/e-book/210395/das-bedingungslose-grundeinkommen-
ausgestaltung-sowie-moegliche-einbettung

Michael Obrist

Das bedingungslose Grundeinkommen. Ausgestaltung sowie mögliche Einbettung in das Konzept der Wohlfahrtsstaatstheorie

GRIN Verlag

GRIN - Your knowledge has value

Der GRIN Verlag publiziert seit 1998 wissenschaftliche Arbeiten von Studenten, Hochschullehrern und anderen Akademikern als eBook und gedrucktes Buch. Die Verlagswebsite www.grin.com ist die ideale Plattform zur Veröffentlichung von Hausarbeiten, Abschlussarbeiten, wissenschaftlichen Aufsätzen, Dissertationen und Fachbüchern.

Besuchen Sie uns im Internet:

http://www.grin.com/

http://www.facebook.com/grincom

http://www.twitter.com/grin_com

Sonderstudie: Bedingungsloses Grundeinkommen

„Ausgestaltung sowie mögliche Einbettung in das Konzept der Wohlfahrtsstaatstheorie"

Michael Obrist

Institut für Politikwissenschaft

Universität Bern

12.07.2012

1. Einleitung

Die Verfassung zahlreicher Staaten heben das Recht auf ein Leben in Würde hervor. Anders als in einer reinen Agrargesellschaft ist das Leben in einer arbeitsteiligen Volkswirtschaft ohne die Nutzung bestimmter Leistungen anderer nicht möglich (Presse, 2009: S. 1). Dahrendorf (1986) meint dazu, dass ein Leben in Würde folglich ein finanzielles Einkommen voraussetzt. Wird dieses finanzielle Einkommen an Bedingungen geknüpft, wird auch das „Leben in Würde" an Bedingungen geknüpft. (Dahrendorf, 1986) Während der Begriff des Grundeinkommens erst im 20. Jahrhundert aufgekommen ist, existierte die Idee eines Mindesteinkommens bereits lange davor. Beispielsweise garantierte die Verfassung des antiken Sparta zwischen 700 und 200 v. Chr. jedem Mitglied der Gesellschaft die lebensnotwendigen Güter, unabhängig von erbrachter Arbeitsleistung (Wagner 2009:S.4).

Es gibt verschiedene Definitionen des Begriffs des Grundeinkommens. Vanderborght und Van Parijs (2006) definieren es als *„Einkommen, das von einem politischen Gemeinwesen an alle Mitglieder individuell und ohne Gegenleistung ausgezahlt wird."* (Vanderborght und Van Parijs, 2006: S. 37). Insbesondere der Verzicht auf eine Gegenleistung und die Kontrolle sonstiger Einkünfte und Vermögenswerte macht aus einem Grundeinkommen ein bedingungsloses Grundeinkommen (Vanderborght und Van Parijs, 2006: S. 37 ff.).

Zahlreiche bekannte Persönlichkeiten wie Fourier, Stuart Mill, Walras, Einstein oder die Ökonomen Samuelson, Hayek, Friedman oder Tobin setzten sich im 20. Jahrhundert für ein (bedingungsloses) Grundeinkommen ein und machten teilweise auch Finanzierungs-vorschläge dazu (Presse 2009: S.2).

In der vorliegenden Arbeit werden die Pro- und Kontraargumente eines bedingungslosen Grundeinkommens und mögliche Formen dessen diskutiert. Ausserdem wird auch untersucht, inwiefern sich das Konzept des garantierten Mindesteinkommens in die klassische Wohlfahrtsstaatstheorie einbetten lässt.

2. Mögliche Ausgestaltung eines Grundeinkommens

2.1 Negative Einkommenssteuer

Das Konzept einer negativen Einkommenssteuerung ist dadurch gekennzeichnet, dass es das „Steuersystem nach rückwärts verlängert" (Opielka und Vobruba, 1985: S. 12f.). Wenn jemand kein Einkommen aus dem Arbeitsmarkt generiert, erhält er einen vereinbarten Mindesteinkommenssatz. Die Höhe der staatlichen Leistung nimmt jedoch mit zunehmendem Arbeitseinsatz kontinuierlich ab. Überschreitet das Arbeitseinkommen einen kritischen Wert, fallen positive Steuern an, aus welchen die Zahlungen für die Bezüger von geringem beziehungsweise gar keinem Einkommen vorgenommen werden (Engler, 2005: S.122). Die Idee einer negativen Einkommenssteuer gewann in den 1960er und 1970er Jahre in den USA immer mehr an Beliebtheit nachdem Ökonomen die Auffassung vertraten, dass dadurch der Wohlfahrtsstaat gestrafft oder verbessert werden könne (Lewis/Pressman/Widerquist, 2005: S.1).

2.2 Allgemeines Grundeinkommen (Sozialdividende)

Im Gegensatz zur negativen Einkommenssteuer erhält bei dem Modell der Sozialdividende jedes Mitglied der Gesellschaft ein steuerfinanziertes Grundeinkommen unabhängig von der Bedarfs-, Einkommens- und Vermögenslage. Es handelt sich dabei um einen Universaltransfer, welcher ohne Vorbehalte vorheriger Bedürftigkeitsprüfung jedem Individuum zusteht (Wolf, 1991: S.392). Die Bedingungslosigkeit soll insbesondere auch jene gesellschaftlich nützliche Arbeit ermöglichen und entlöhnen, die sich nicht in der Form traditioneller Erwerbsarbeit vollzieht. Dazu können Tätigkeiten wie häusliche Erziehung, gemeinschaftsbezogene, freiwillige und unvergütete soziale Dienste in der Gesellschaft gehören (Mitschke, 2000:S. 47f.). Die Sozialdividende sieht vor, dass jeder Bürger vor allen sonstigen Einkommen ein Grundeinkommen erhält. Das Grundeinkommen soll wie ein Vorschuss wirken, welcher zum Bruttoeinkommen jeder Person dazukommt und später durch Besteuerung abgezogen wird (Vanderborght und Van Parijs, 2005: S. 53).

Beide Systeme sind insofern leistungsfreundlich, als dass jene Personen welche im Erwerbsleben partizipieren, ein höheres Einkommen garantieren als die Grundsicherung ihnen zur Verfügung stellt (Engler, 2005: S. 125). Bezüglich der möglichen Höhe des Grundeinkommens lässt sich sagen, dass es bei einer schrittweisen Umstellung des Steuer- und Abgabensystems nur noch von einer Steuer abhängt, der Konsumsteuer in Form der Mehrwertsteuer. Entscheidend ist demnach, wie viel Ertrag die Mehrwertsteuer, welche im Zuge der Umstellung zunehmend auch für alle übrigen Staatsaufgaben und - ausgaben herangezogen werden muss, für das Grundeinkommen bereitstellen kann. Die Mehrwertsteuer hat aus dynamischer Sicht positive Wohlfahrtseffekte für sämtliche Einkommensklassen. Diese Effekte entstehen etwa durch die steuerliche Entlastung der Einkommen und der Unternehmenserträge und die damit verbundenen Vorteile für Investitionen, welche wiederum zu einer Steigerung des Kapitalstocks führen. (Jokisch und Kotlikoff, 2007). Meiner Meinung nach kann man dem jedoch entgegenhalten, dass die Mehrwertsteuers insofern regressiv wirken kann, als tiefere Einkommensklassen einen höheren Prozentsatz ihres Einkommens für den Konsum aufwenden müssen als die mittleren und hohen Einkommensklassen.

3. Die Einbettung des Bedingungslosen Grundeinkommens im Konzept des Wohlfahrtsstaats

3.1 Identifizierung eines Post-Produktivistischen Wohlfahrtsstaatstypus

Viele Befürworter des BGE erachten das Konzept des Grundeinkommens als vorteilhaft weil es auch bürokratische Hürden abbauen könne und den Sozialstaat vereinfache. Aus politologischer Sicht scheint es sinnvoll das Modell des bedingungslosen Grundeinkommen genauer zu analysieren und zu überprüfen inwiefern es sich in das Konzept der Wohlfahrtsstaatstheorie einbetten lässt. Goodin (2001) liefert zu diesem Thema einen spannenden Input indem er in seiner Arbeit *„Work and Welfare: Towards a Post-Productivist Welfare Regime"* zusätzlich zu den *„three worlds of welfare capitalism"* von Esping-Andersen das Konzept eines Post-Produktivistischen Regimes in die Theorie einbettet.

Ein entscheidender Faktor in der Klassifikation des Wohlfahrtsstaatstypus liegt in der Ausgestaltung von Arbeit und Wohlfahrtsleistungen. Dem liberalen Wohlfahrtsstaat könnte symbolisch der Slogan *„Work, not Welfare"* zugeschrieben werden weil jeder durch den Arbeitsmarkt sich mehrheitlich selber versorgen soll. Beim korporatistischen Wohlfahrtsstaat kann man von *„Welfare through work"* sprechen, da die Familien abhängig von den Beiträgen des Arbeitnehmers und seines Arbeitgebers vergütet werden (Goodin, 2001: S.13). Der Sozialdemokratische Slogan, *„Welfare and work"* beinhaltet generöse Leistungen welche jedoch wie die beiden anderen Regime auch an produktive Mitwirkung am Arbeitsmarkt gekoppelt sind. Aktive Arbeitsmarktpolitiken bemühen sich zudem um Vollbeschäftigung innerhalb der Bevölkerung. Alle drei Wohlfahrtsstaaten streben demnach nach einem möglichst hohen Produktivitätsniveau und folgen der Logik, dass *„without work, there can be no welfare. If no one produces anything, there will be nothing for government to redistribute to anyone."* (Goodin, 2001: S.14)

Postproduktivisten unterscheiden sich nun insbesondere in ihrer Haltung gegenüber Beschäftigung und dem daraus resultierenden Anspruch auf staatliche Leistungen. Das Recht auf staatliche Unterstützung ist nicht mehr an der Partizipation am Arbeitsmarkt gebunden während jedoch immer noch eine hinreichende Anzahl an Arbeitskräften den Sozialstaat finanzieren müsste. Somit sind sie nicht *„Anti-Produktivisten"* sondern glauben vielmehr daran, *„that economic productivity can be sustained at moderatly high levels on the basis of far less than full employment".* (Goodin, 2001: S. 15) Sie propagieren mehr gesellschaftliche Freiheit und sehen auch keine Ökonomische Notwendigkeit in der Vollbeschäftigung. Goodin (2001) gibt ihnen insofern recht, als etwa die Arbeitslosenzahlen der USA auf eine solche Entwicklung hinweisen (Goodin, 2001: S.17). Postproduktivisten bauen ihre Analyse der Autonomie mittels einer Einrahmung ihres zentralen Policyanliegens auf: *„They strive to secure people's autonomy by ensuring that people recieve an income adequate to their needs, on terms which impinge minimally on their freedom of action".* (Goodin, 2001: S.17) Zeit stellt dabei das einzig knappe Gut dar. Postproduktivistische Modelle wurden nach Goodins Meinung noch nicht von politischen Akteuren umgesetzt, es gebe bloss Annäherungen an das Modell. Er verwendet den Niederländischen Sozialstaat in den späten 1980er und frühen 1990er Jahren als Referenzmodell für einen Postproduktivistischen Wohlfahrtsstaat (Goodin, 2001: S.18).

Ein Indikator zur Messung der Wohlfahrtsstaatstypen liegt im Verhältnis vom Beschäftigungslevel und den Sozialstaatsausgaben. Während liberale Länder (etwa die USA, Schweiz oder Japan) eine hohe Beschäftigung und eine tiefe Staatsquote aufweisen, lassen sich sozialdemokratische Länder im Bereich eines hohen Staatshaushalts gekoppelt mit einer hohen Beschäftigungsquote ansiedeln. Das Postproduktivistische Regime (Niederlande) siedelt Goodin bei dem generösen korporatistischen Typus (Belgien, Österreich, Frankreich) an, was eine hohe Staatsquote mit einer tiefen Partizipationsrate auf dem Arbeitsmarkt verbindet (Goodin, 2001:S. 20). Er sieht im Fall der Niederlande jedoch insofern einen Unterschied, als die Niederlande im untersuchten Zeitraum deutlich höhere Sozialausgaben getätigt haben und die Partizipation am Arbeitsmarkt noch tiefer war als bei den anderen korporatistischen Ländern welche hohe Ausgaben für den Wohlfahrtsstaat ausgaben (Vgl. mit Graphik 1 im Anhang). Als weitere Begründung, den Fall Niederlande postproduktivistisch zu betrachten, argumentiert Goodin mit der Tatsache, dass bei den anderen korporatistischen Staaten die sozialstaatliche Ausgabenerhöhung keine Änderung des konservativ-katholischen Regimes mit sich brachte, während in den Niederlanden die Erhöhung der Staatsquote mit einem Paradigmenwechsel und der niederländischen „Entsäulung" einherging (Goodin, 2001: S.23).

Goodin analysiert noch weitere Indikatoren um den Postproduktivistischen Wohlfahrtsstaat zu identifizieren. Teilzeitarbeit betrachtet er als entscheidenden Bestandteil, weil

Postproduktivisten an die Freiwilligkeit appellieren und jemand sein Arbeitspensum reduzieren könne um weiteren Interessen nachzugehen (Goodin, 2001: S.25). Wenn man die Erwerbsquote am Arbeitsmarkt mit dem Anteil der Teilzeitarbeiter in einem Diagramm darstellt (für Männer und für Frauen), zeigt sich in beiden Fällen ein deutliches Bild: Während die korporatistischen Staaten die tiefsten Teilzeitarbeitsquoten aufweisen und im liberalen Wohlfahrtsstaat vor allem Männer einer bezahlten Tätigkeit nachgehen, hebt sich der Postproduktivistische Fall der Niederlande wieder hervor. Hier findet man sowohl für Männer als auch für Frauen die höchste Teilzeitarbeitsquote und leicht höhere Partizipationsraten am Arbeitsmarkt von Frauen. (Vgl mit Graphik 2 und 3 im Anhang)

3.2 Performance des Postproduktivisten Regimes

Nachdem die Regimetypen identifiziert wurden kann auch eine Analyse bezüglich ihrer Performance gemacht werden. Zwei wichtige Eckpfeiler eines Staates mit bedingungslosem Grundeinkommen sind die Einkommensabsicherung und aus temporaler Sicht die Möglichkeit, auch anderen Beschäftigungen als bezahlter Arbeit nachzugehen (Goodin, 2001:S.29). Wenn man die Proxys der Armutsrate und jährlichen Arbeitsstunden in denen man bezahlter Arbeit nachgeht graphisch aufzeigt, fällt auf, dass der Postproduktivistische Fall Niederlande heraussticht, indem er eine tiefe Armutsquote mit den am deutlich tiefsten jährlichen Arbeitsstunden im bezahlten Arbeitsmarkt verbindet. (Vgl. mit Graphik 4 im Anhang).

Dieses Resultat ist auch konsistent, wenn man unbezahlte Haushaltsarbeit inkludiert (Vgl. mit Graphik 5 im Anhang). Die Niederlande weisen zudem eine der höchsten Quoten der freiwillig nicht am Arbeitsmarkt partizipierenden Erwerbsbevölkerung auf, was die Komponente der Freiwilligkeit und der Bedingungslosigkeit unterstreicht (Vgl. mit Graphik 6 im Anhang). Das Niederländische Modell hat deshalb so gut funktioniert, weil viele Frauen teilzeiterwerbstätig wurden. Den Slogan *„Wohlfahrt ohne zu Arbeiten"* ist natürlich utopisch und trifft auch hier nicht zu (Goodin, 2001: S.38). Der Fall der Niederlande zeigt jedoch auch, dass die ökonomischen Tradeoffs Arbeit versus Freizeit und Gleichheit versus Effizienz sich nicht immer ausschliessen müssen.

4.   Pro Argumente eines Bedingungslosen Grundeinkommens

Das wichtigste Anliegen vieler Befürworter vom Bedingungslosen Grundeinkommen liegt in der Existenzsicherung und darin liegt auch das gewichtigste Argument für dessen

Einführung. Dem Netzwerk Grundeinkommen geht es „vorrangig um den Schutz vor Armut als voraussetzungslos garantiertes *soziales Grundrecht"*, das auch bei Ablehnung von Arbeitsangeboten gewahrt bleibt." (Daniel Kreuz, 2005: S. 6)

Ein sehr häufig genanntes Argument der Befürworter besteht darin, dass es viele für unrealistisch betrachten, dass die moderne Gesellschaft in Zeiten des technischen Fortschritts weiterhin Vollbeschäftigung realistisch ist und ob man es überhaupt anstreben soll. Lange Zeit habe man der steigenden Arbeitslosigkeitsproblematik mit Wachstumszielen nachkommen wollen. Van Parijs (2000) jedoch hält in Zukunft ein derartiges Wachstum für unrealistisch und ökologisch untragbar (Van Parijs, 2000, S. 7). Man ginge also davon aus, dass ein gewisser Teil der Bevölkerung dann ihr Arbeitspensum reduzieren würde und anderen, etwa freiwilligen Tätigkeiten nachgehen würde. Meiner Meinung nach widersprechen sich bei diesem Argument die Befürworter bis zu einem gewissen Grad. Einerseits erwähnen sie oftmals, dass das Beschäftigungs-niveau nicht signifikant reduziert würde und die Arbeitsanreize bestehen würden, andererseits ist es fraglich ob genau jene, heute arbeitslosen aber arbeitswilligen Personen ihre gewünschte Anstellung finden würden oder ob sie weiterhin unfreiwillig ausserhalb des Arbeitsmarktes einer Tätigkeit weitergehen. Van Parijs (2004) sieht einen weiteren Vorteil bei der Einführung eines Grundeinkommens in der Eindämmung von minderwertigen oder degradierenden Arbeitsstellen bei welchen schlecht ausgebildete Arbeitskräfte ausgebeutet werden aufgrund von Informationsasymmetrien (die Arbeitsnehmer wissen nicht welche Arbeitsstellen gut sind, während die Arbeitgeber einen Informationsvorsprung haben) und aufgrund fehlender Verhandlungsmacht der Arbeitnehmer. Diese stünden unter einem Modell mit Grundeinkommen unter weniger Druck und hätten durch ihr gesichertes Einkommen mehr Verhandlungsmacht (Van Parijs, 2004, S. 16 und 17).

Auch von feministischer Seite wird ein bedingungsloses Grundeinkommen begrüsst, da der Arbeitsmarkt weiterhin sehr männerdominiert sei. Ein gesichertes Einkommen würde die Frauen zweiseitig entlasten: Mehr Männer würden bei der Erziehung flexibler helfen können und alleinerziehende Mütter wären weniger Lohndruck ausgesetzt. Auch Vertreter aus ökologischen Kreisen begrüssen das Grundeinkommen mit dem Argument, dass der obsessive Drang nach mehr Wachstum nicht weiterzuführen sei. Und viele (ökologisch schädliche) Wachstumsprogramme finden ihre Legitimation in der Bekämpfung der Arbeitslosigkeit. Beim bedingungslosen Grundeinkommen erhoffen sie sich ein nachhaltigeres Wachstum (Van Parijs, 2000: S. 9). Hierzu kann man sich wiederum die

Frage stellen, ob das gesellschaftlich kostspielige Experiment eines Grundeinkommens auch mit nachhaltigem Wachstum beziehungsweise Wachstumseinbussen wirklich noch finanzierbar ist.

5. Kontra Argumente eines Bedingungslosen Grundeinkommens

Der wahrscheinlich am häufigsten angebrachte Kritikpunkt zum bedingungslosen Grundeinkommen ist, dass es zu kostspielig und demnach nicht finanzierbar wäre. In erster Linie ist es entscheidend, wie hoch die Zahlungen angesetzt würden. Als Indikator kann dazu die Elastizität des Arbeitsangebotes herangezogen werden. Gehen die geleisteten Arbeitsstunden und dadurch die Produktivität nur unmerklich zurück, ist ein System mit bedingungslosen staatlichen Zahlungen viel realistischer zu finanzieren.

Glotz (1985) befürchtet jedoch generell, dass durch ein solches System die Gesellschaft auf einen Zustand der „Freiwillige Arbeitslosigkeit" hinzusteuern würde und eine immer kleinere Zahl von Arbeitenden eine immer grössere Zahl von Nichtarbeitenden finanzieren müsste, wodurch sich eine Abwärtsspirale entwickeln würde (Glotz, 1985: S. 143). Ebenfalls fügt er ein Argument an, welches in gewerkschaftlich-sozialdemokratischen Kreisen ebenfalls oft erwähnt wird: Die Problematik, dass ein Grundeinkommen das Recht auf Arbeit vom Recht auf einen Arbeitsplatz entkoppelt. Die arbeitslose Bevölkerung würde zwar einkommenstechnisch versorgt sein, jedoch mangelt es an einem offiziell befriedigenden sozialen Status und als Begründung würde man hören, man könne ja einer freiwilligen Tätigkeit nachgehen, wenn man keine bezahlte Stelle findet. Er resümiert damit, dass das Recht auf Arbeit nicht aufgegeben werden darf (Glotz 1985: S. 145). Eine umfassende Kritik von Rainer Roth (2006) bezieht sich explizit auf die Grundeinkommens-modelle von Werner Götz sowie Thomas Straubhaar. Seine zentralen Kritikpunkte liegen in der Bedingungslosigkeit sowie im Wegfall der Bedürftigkeitsprüfung. Es gäbe in jeder Gesellschaft einen Arbeitszwang und nur dadurch können die nötigen Lebensmittel und Leistungen erzeugt werden, mit welchen menschliche Bedürfnisse befriedigt werden können (Roth 2006: S. 5).

Zudem müsse seiner Meinung nach das Verhältnis zwischen Erwerbslosen und Erwerbstätigen vielmehr als gegenseitige Verpflichtung gelten und nicht als eine einseitige Verpflichtung. Er vertraut nicht einem solidarischen Zweigruppenmodell, bei welchem die einen „für" die anderen arbeiten (Roth 2006: S. 7). Des Weiteren würden auch Reiche und Vertreter des Kapitals einen bedingungslosen Transfer erhalten. Dies lehnt Roth ab, da es einen solidarischen Umgang unter Lohnabhängigen geben solle und nicht einen mit

Vertretern des Kapitals. Butterwegge (2007) befürchtet durch die Einführung des Grundeinkommens den „Todesstoss" für den Sozialstaat. Armutsbekämpfung, Lebensstandartsicherung sowie der Ausgleich zwischen Arm und Reich würden durch ein Grundeinkommen nur unzureichend oder bei dem totalen Wegfall von Sozialversicherungen überhaupt nicht mehr erfüllt werden.

6. Sozialexperimente zur negativen Einkommenssteuerung

Während eine konkrete Umsetzung eines Bedingungslosen Grundeinkommens bisher noch nicht im grösseren Rahmen umgesetzt wurde, gibt es empirische Evidenzen bezüglich der Performance zur negativen Einkommenssteuer. Zwischen 1968 und 1980 wurden in den USA vier Sozialexperimente durchgeführt, anhand welchen die Folgen der negativen Einkommenssteuer gemessen werden sollten. Das Hauptziel der Experimente war es insbesondere herauszufinden, wie das Arbeitsangebot auf ein garantiertes Einkommen reagieren würde (Widerquist 2005: S. 95). Die grössten Experimente waren die „Seattle and Denver Income-Maintenance-Experiments" von 1970 bis 1976 bei denen 4.800 Familien teilnahmen (Gerhardt und Weber 1984: S. 91).

Als Resultat resümieren Gerhardt und Weber, dass die Ökonomie nicht zusammenbrechen würde und eine negative Einkommenssteuer verkraftbar wäre. Die Arbeitsmoral blieb stabil und die Beschäftigungseinbrüche waren gering, selbst wenn die Transfers an die Löhne der unteren Lohngruppe heranreichen (Gerhardt und Weber, 1984: S. 80). Hollister (2005) errechnete, dass eine Reduktion des Arbeitsangebotes einer ganzen Familie von etwa 13 Prozent erfolgte. Ausgangsbasis war eine 35 Stunden-Woche Gesamtarbeitszeit der Familie (Hollister, 2005: S. 99). Auch weitere Autoren (etwa Widerquist, 2005) kommen ebenfalls zum Schluss, das zwei Hauptargumente von Grundeinkommensgegnern aufgrund der Erkenntnisse aus den Experimente deutlich widerlegt werden können. „The experiments found no evidence that a negative income tax would cause some segment of the population to withdraw from the labor force, and the experiments found no evidence that the supply response would increase the cost of the program to the point that it would be unaffordable" (Widerquist 2005: S. 68).

Kritische Autoren zweifeln jedoch die Aussagekraft dieser Experimente an. Bust-Bartels (1985) etwa schreibt, dass die Existenzminima zu niedrig angesetzt wurden und eine stärkere Reduktion des Arbeitsangebotes deswegen gar nicht zu erwarten se . Zudem sei die Zeitdauer der Experimente zu kurz gehalten.

7. Fazit

In diesem Artikel wurde der Unterschied zwischen bedingungslosem Grundeinkommen und der negativen Einkommenssteuer aufgezeigt und in einem zweiten Schritt aus politologischer Sicht das Modell in das Konzept der traditionellen Wohlfahrtsstaatstheorie nach Esping-Andersen eingebettet. Dabei wurde festgehalten, dass es in der Form der Niederlande in den späten 1980er und frühen 1990er, eine Art Post-Produktivistisches Wohlfahrtsstaatsregime ermittelt werden konnte, welches sich von den gängigen Typen unterscheidet und beispielsweise individuelle Freiheit auf dem Arbeitsmarkt mit generösen staatlichen Leistungen verbinden kann. In weiteren Schritten wurden die Pro- und Kontraargumente eines garantieren Einkommens diskutiert und im letzten Teil noch empirische Befunde aus Sozialexperimente resümiert.

So hitzig wie die Debatte um das Für- und Wider eines bedingungslosen Grundeinkommen oder einer negativen Einkommenssteuer ausfällt, so schwierig fällt es eine objektive Evaluation zu machen. Meiner Meinung nach würde die komplette Abschaffung des heute gängigen Wohlfahrtsstaates und die daraus folgende Implementierung eines bedingungslosen Grundeinkommen so tiefgreifende Veränderungen auf mehreren Ebenen mit sich bringen, dass eine abschliessende Bewertung, ob ein solches System finanzierbar und stabil wäre, sehr schwer ist. Ich würde, konsistent mit den Ergebnissen aus den Experimenten, eine Reduktion des Arbeitsangebotes erwarten. In der langen Frist und mit einer hohen Einkommensschwelle wie es in der Schweiz mit 2500 CHF pro Monat vorgeschlagen wird, erwarte ich noch drastischere Reduktionen. Ob der Staatshaushalt diese Ausgaben in der langen Frist bedienen kann, darf zumindest bezweifelt werden. Als als problematisch betrachte ich auch die Gefahr der Abschaffung bisheriger Sozialversicherungen, welche über Jahrzehnte erfolgreich aufgebaut wurden und sich – zumindest in der Schweiz – als relativ erfolgreich erwiesen haben.

Den Befürwortern kann ich jedoch zugute halten, dass sie eine interessante Diskussion über die Zukunft des Arbeitsmarktes lanciert haben und die zunehmend unrealistische Form der Vollbeschäftigung kritisieren. Zudem ist auch in Zukunft eine Diskussion über die Effizienz und Kosten der Sozialwerke notwendig. Das Thema eines vereinfachten Wohlfahrtsstaates in Form oder Kombination mit bedingungslosen Komponenten wird deshalb auch weiterhin nicht vom Tisch sein.

8. Literaturverzeichnis

Butterwegge, Christoph (2007). „Ein Kombilohn für alle", in: Internet unter: http://www.taz.de/1/archiv/archiv/?dig=2007/05/24/a0199, Stand, 10.7.2012

Bust-Bartels, Axel (1985). „Mindesteinkommen – Ausweg aus der Armut? Befreiung von der Lohnarbeit?", in: Internet unter: http://www.widersprueche-zeitschrift.de/article247.html, Stand, 10.7.2012

Dahrendorf, Ralf (1986). Ein konstitutionelles Anrecht auf ein garantiertes Mindesteinkommen, in: Schmid, Thomas (Hrsg.). „Thesen zum garantierten Mindesteinkommen", Berlin.

Engler, Wolfgang (2005). Bürger ohne Arbeit, Berlin.

Gerhardt, Klaus-Uwe und Weber, Arnd (1984), „Garantiertes Mindesteinkommen. Für einen libertären Umgang mit der Krise" in: „Schmid, Thomas (Hrsg.), „Thesen zum garantierten Mindesteinkommen", S. 18 – 67.

Glotz, Peter (1985). „Freiwillige Arbeitslosigkeit? Zur neueren Diskussion um das garantierte Grundeinkommen" in: Opielka, Michael und Vorbruba, Georg (Hrsg.), „Das garantierte Grundeinkommen. Entwicklung und Perspektiven einer Forderung.", S. 135 – 148.

Goodin, Robert (2001). „Work and Welfare: Towards a Post-productivist Welfare Regime", British Journal of Political Science, 31, S. 13-39

Hollister, Robinson (2005), „A Retrospective on the Negative Income Tax Experiments: Looking Back at the Most Innovate Field Studies in Social Policy ", in: Widerquist, Karl / Lewis, Michael Anthony / Pressman, Steven (Hrsg.), "The Ethics and Economics of the Basic Income Guarantee", S. 95 – 106.

Jokisch, Sabine und Kotlikoff, Laurence J. (2007), „Simulating the Dynamic Macroeconomic and Microeconomic Effects of the Fair Tax", in: Internet unter: http://people.bu.edu/kotlikoff, Stand: 10.7.2012.

Kreutz, Daniel (2005). „ Bedingungsloses Grundeinkommen – Verwirrung, Fallen und Legenden", aus Internet: www.theopenunderground.de/@pdf/.../grundeinkommentexte0.pdf, Stand 10.7.2012.

Lewis, Michael Anthony, Pressman, Steven and Widerquist, Karl (2005). „An Introduction to the Basic Income Guarantee" in: Widerquist, Karl, Lewis, Michael Anthony and Pressman, Steven (Hrsg.)."The Ethics and Economics of the Basic Income Guarantee", S. 1 – 12.

Mitschke, Joachim (2000), Grundsicherungsmodelle – Ziele, Gestaltung, Wirkungen und Finanzbedarf, Baden-Baden.

Opielka, Michael und Stalb, Heidrun (1985). „Das garantierte Grundeinkommen ist unabdingbar, aber es genügt nicht" in: Opielka, Michael und Vobruba, Georg (Hrsg.), „Das garantierte Grundeinkommen. Entwicklung und Perspektiven einer Forderung.", S. 73 – 97.

Presse, André (2009), Grundeinkommen: Idee und Vorschläge zu seiner Realisierung, Hamburg.

Roth, Rainer (2006), Zur Kritik des Bedingungslosen Grundeinkommens, Frankfurt.

Vanderborght, Yannick und Van Parijs, Philippe (2005), Ein Grundeinkommen für alle? Geschichte und Zukunft eines radikalen Vorschlags, Frankfurt.

Van Parijs, Philippe, (2005). „A Basic Income for All" in: Internet unter: Boston Review: A Political and Literary Forum, http://bostonreview.net/BR25.5/vanparijs.html, Stand 10.7.2012.

Wagner, Björn (2009). „Das Grundeinkommen in der deutschen Debatte", in: Friedrich- Ebert-Stiftung (Hrsg.). „WiSo Diskurs", März. Berlin.

Widerquist, Karl (2005). "A failure to communicate: what (if anything) can we learn from the negative income tax experiments?" in: The Journal of Socio-Economics, 34, S. 49 – 81.

Wolf, Jürgen (1991). „Sozialstaat und Grundsicherung" in: Leviathan, 3, S. 386 – 410.

9.   Anhang

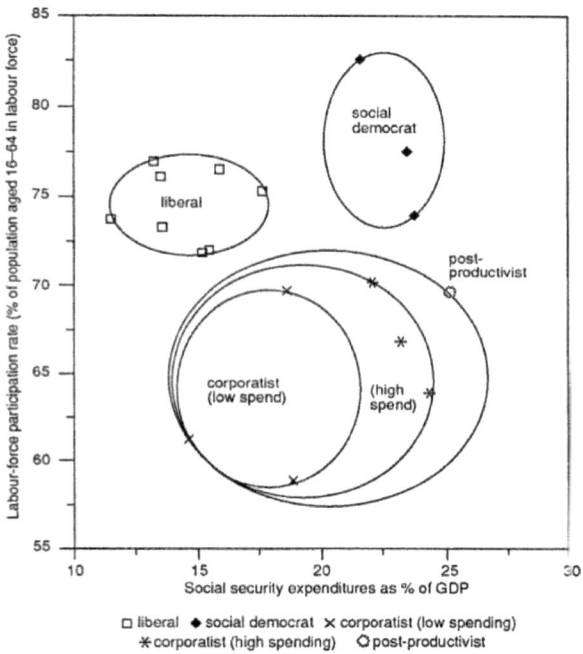

Graphik 1: Work-Welfare Regimes, Plotting Countries

Quelle: Goodin (2001: S. 24)

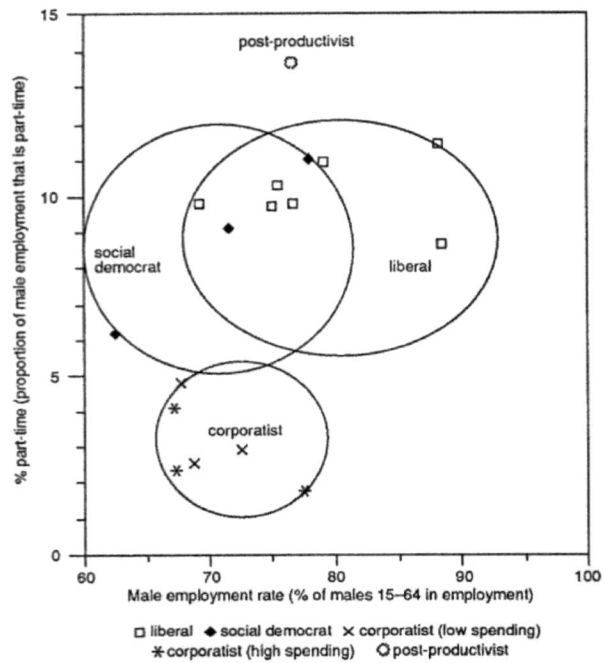

Graphik 2: Male employment rate and percentage working part-time

Quelle: Goodin (2001: S. 26)

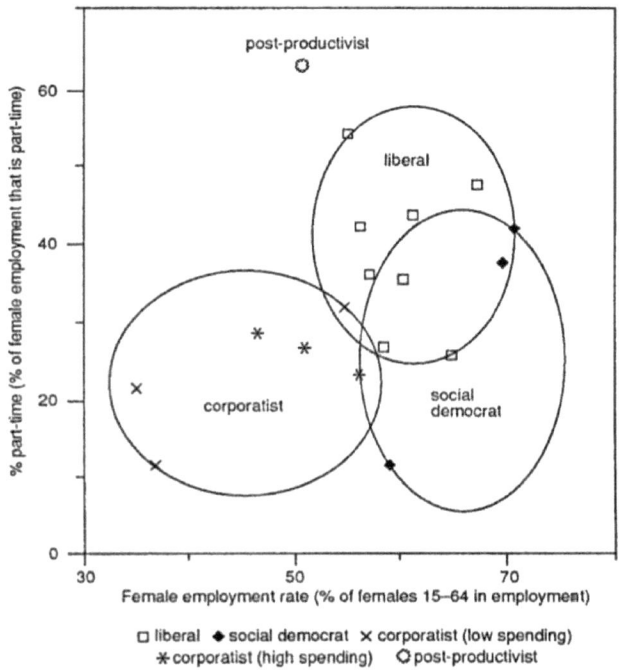

Graphik 3 :Fremale employment rate and percentage working part-time

Quelle: Goodin (2001: S. 27)

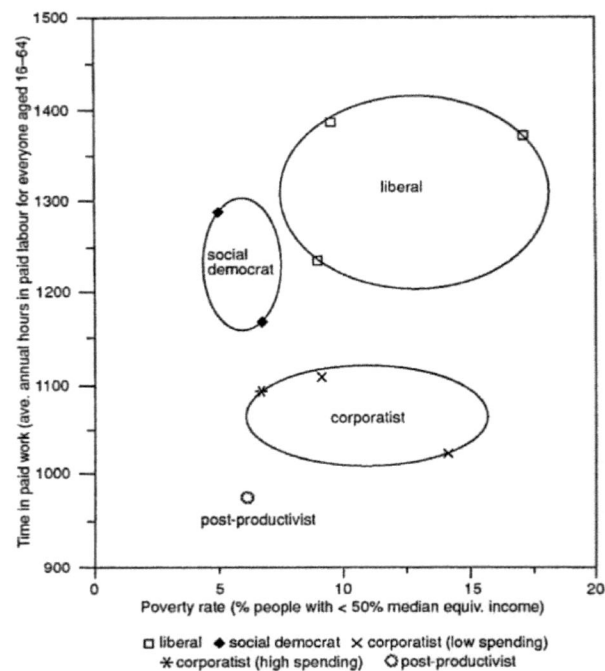

Graphik 4 : Poverty and paid work hours in the four regions

Quelle: Goodin (2001: S. 29)

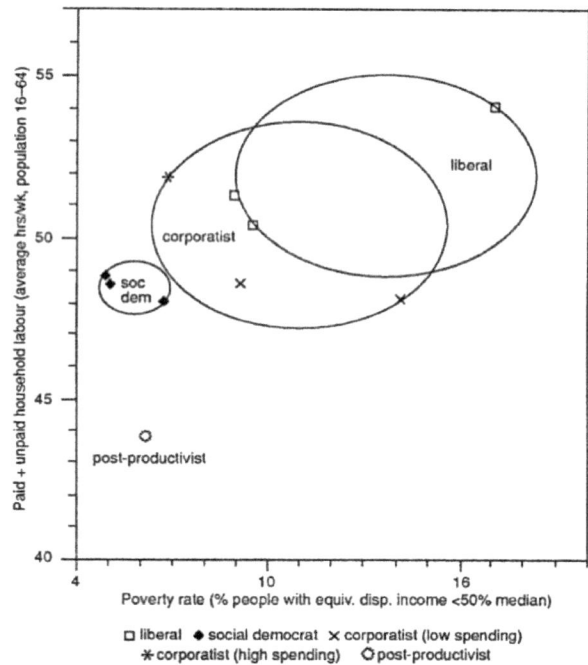

Graphik 5 : Poverty and total hourse in paid and unpaid household labour

Quelle: Goodin (2001: S. 31)

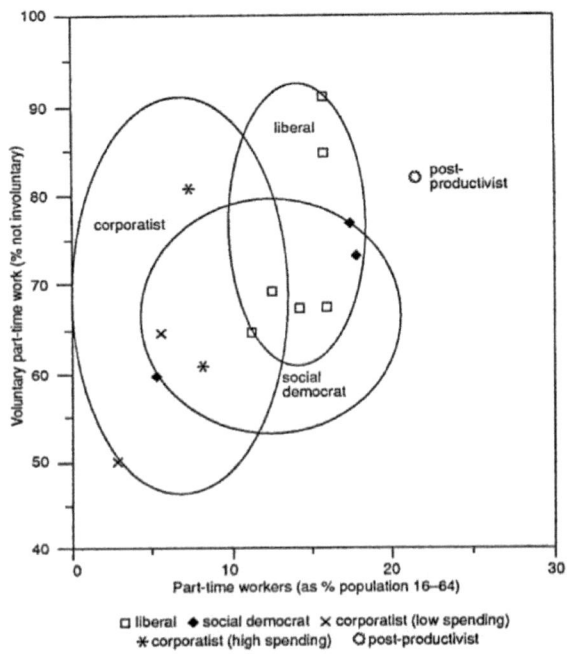

Graphik 6: Part-time employment, voluntary and otherwise

Quelle: Goodin (2001: S. 34)

BEI GRIN MACHT SICH IHR WISSEN BEZAHLT

- Wir veröffentlichen Ihre Hausarbeit, Bachelor- und Masterarbeit

- Ihr eigenes eBook und Buch - weltweit in allen wichtigen Shops

- Verdienen Sie an jedem Verkauf

Jetzt bei www.GRIN.com hochladen und kostenlos publizieren